楊鴻銘著

文學叢刊

詩的光影

文史哲出版社印行

國家圖書館出版品預行編目資料

詩的光影 / 楊鴻銘著 . -- 初版 -- 臺北市：
文史哲出版社, 民 112.06
頁； 公分. --（文學叢刊；473）
ISBN 978-986-314-642-1（平裝）

863.51 112009573

文學叢刊 473

詩的光影

著者：楊鴻銘
出版者：文史哲出版社
http:// www.lapen.com.tw
e-mail：lapen@ms74.hinet.net
登記證字號：行政院新聞局版臺業字五三三七號
發行人：彭正雄
發行所：文史哲出版社
印刷者：文史哲出版社
臺北市羅斯福路一段七十二巷四號
郵政劃撥帳號：一六一八〇一七五
電話886-2-23511028・傳真886-2-23965656

定價新臺幣三五〇元

二〇二三年（民一一二）六月初版

ISBN 978-986-314-642-1 10473

序

如果是畫家，我想像梵谷一樣，背起畫架走進廣漠的原野，迎著夾帶泥土與花草香氣的微風，自遠處時有時無地吹拂身上。我想讓炙熱的太陽，直接淋在泛紅的皮膚上，然後選一個視角最佳的位置，緩緩拿出筆來，將美麗的光影一一入畫。景隨時都有，歡愉就在左右，只要走出室外，一切自然美好。

如果是音樂家，我要學習莫札特，苦難由自己默默承受，歡樂則於曲譜之上飛揚。莫札特的一生，始終陷在窘困的生活裡掙扎，然而他的音樂不但曲式紛繁，而且充滿歡樂。短得很長、又長得很短的生命，是該充滿歡笑的；人類最美的景是微笑，最好聽的音是笑聲；尤其我見了、我聽了，我怎能不感動呢？

流連於畫作卻與畫家無緣，沉浸在古典樂曲中卻不是音樂家，我是一位活於文字之中的人。抓住瞬間的感覺，素描當下的驚喜，我一直樂在其中。從詩文聆聽美妙的聲音，透過文字瞧見作者的眼前，文字應該是一首樂曲、一幅畫的。值得寫在紙上的東西很多，即使漆黑的暗夜，也有寧靜足供心靈沉澱，何況陽光之下隨時都有新鮮的事情！

活著即為一種奢侈的喜悅，但我卻過得很單純；提筆是每天不得不然的工作，可是仍能優遊於繆斯的領地。雲淡了，風輕了，人生沒有什麼遺憾。如今只想用簡淨的文字，把人間的美好呈現出來，因此我喜歡寫詩！

謹識於臺北

詩的光影

目次

第一章　詩寫自然

一、蒼　茫

瀰漫的水氣將天與地連在一起
洶洶湧湧地在靜止的時空裡漫溢
不斷膨脹的時空早已逸出了邊線
人彷彿飄浮的葉忽東忽西
在廣漠如謎的朦朧裡游走
沒有視野的眼前只是蒼茫而已

可觸可碰的氛圍僅能抽象地感覺
無從連結的印象才是此刻的唯一
省去明暗的世界如詩可以多解
打破線性透視而把動與靜融為一體

全由水氣堆疊如畫的情景
不管幾筆都好像置身於綺麗的夢裡

山上的小屋提著惺忪的小燈
多情地遞給人間縷縷溫藹
猶如幻境的燈火似近而遠
而遠在令人迷離的蒼茫之外
只要一聲鳥鳴即能回到現實
然而沉寂的天際久久不見飛鳥前來

二、白　雲

說它是什麼就是什麼
以你的心為心以你的情為情
遠在天際又伸手即可在水面觸及
只能感覺的形體具體而有型
不是每一天而是時時刻刻
是最平價也最富於變化的風景

潔白的它偶而也會染上一抹金色的邊
抬起眼來就能進入它的夢裡
每一個回憶都可以在它的銀幕放映
每一個人均能於它的身上瞧見自己
只有人無暇欣賞的遺憾
而沒有不被瞭解的歉欷

現實與想像在這裡沒有界線
存在本身就是一種絕然的歡愉
像莫內的蓮花怎麼看都美麗
像維也納森林給貝多芬優美的樂句
走進畫裡乘著旋律起飛
我想伴著白雲一起遠去

三、烏 雲

沉寂而深不可測的雲
詭譎地透出冷漠的莊嚴
並未全然的黑潔淨地橫於天上
僅剩一線隱隱的白一路綿延

一眼近似一眼的雲罩於頭頂
壯闊的晨空如在眼前又遠颺天際
一陣緊似一陣的感覺逼於胸口
蒼鬱昏暗的大地沒有聲息

不是驚懼而是驚奇
人在短得很長又長得很短的瞬間等待
無邊的思緒齊聚於腦中爭先恐後
卻只擠出一片茫然的空白

想自黑得有深有淺的淺中窺探
淺中還有漸淺的淺色前後相挨
凜然的氛圍將人約束
唯見葉從樹上掉了下來

四、雲瀑

湧動的濤直向人前破空而來
突然又像襲捲天際的浪忽忽悠悠
景猶在眼中新的視野隨即取代
視野才一碰觸馬上成為視覺的暫留
一幕又一幕似乎即將重疊了
其實景景鮮活如流

僅能一瞥的景比一瞥的時間還短
不及窺瞧的美總是給予最多的驚喜
像自然不穩定的光很真實
像輕柔的風看不見卻不時習習
美得令人窒息也快得叫人屏息
忙是此刻唯一的具體

彷彿是什麼似的還是彷彿
它有自己表述的語言
也許有所預示卻無從看得真切
得以自我思考的景只在轉眼之間
人於無寧另類限制的想像中想像
噴薄的雲瀑早已溜至夢的前沿

五、春　雨

飄啊飄的有如浮於空中的游絲
聚了又散、散了又聚地費人疑猜
可以透視的近處漸行漸遠
迷濛的模糊直至一無所見的空白
茫然的空白卻有無窮的視野
人則在輕薄的微雨之中搖擺

涼涼地冷又冷得涼涼的
好似隨即融化的雪點
雨主導的世界人沒有自己
時光已被泯除的大地正在綿延
街道愈看愈小而水氣愈來愈濃了
抬起頭來還未成文的詩就在天邊

沒有人煙的雨下顯得有些遙遠
遠方隱隱的人影已在畫幅之內
彷彿慕夏以唯美的線條優雅地鉤勒
整個畫面是柯洛透明又縹緲的柔美
獨自於不知置身何處的雨下行走
像游像飄也像在飛

六、枯　樹

葉掉光了樹依然挺立
扶疏的枝條兀自於空中張著
水氣一團團蒼茫地著於枝上
盎然的生意彷彿春天來了

緩緩挪移的水氣彷彿翩然的葉
成群滯留的霧則是濃密的樹蔭
沒有陽光的蔭下只剩陣陣苦寒
偶而才能一見的人影迢迢隱隱

瀰漫的水氣漫無節制地展延
已枯的樹木愈來愈是模糊
忽濃忽淡的霧轉眼幾回更迭
踩於地面感覺如在海上漂浮

置身景中很難想像對美的渴望
只能用心行走的人聽憑思緒透迤
費德里克樹上群鴉無從體驗的祕境
我就站在這幅奇妙的畫裡

七、隨筆

清淺的綠填滿整個視角
走走停停的風不停悸動久蟄於冬的心
僅止一襲草地反而顯得繽繽紛紛
恬靜的斜坡上到處都是聲音

尋常的景雖然一點也不特別
即興的腳步卻踩出年輕時候的自己
一片葉一朵花一抹雲
則於眼前隱隱透露大地深沉的生息

眼在藍與綠之間縱橫
曠闊的天地沒有阻隔
輕薄的空氣隱隱鼓盪
猶如一條濺濺潺湲的河

彷彿多比尼的春天已在公園甦醒了
而被譜進拿坡里民謠的太陽依然亮麗
不是初次目睹的驚奇
滿臉洋溢著輕慢的歡喜

打開書來讓文中的花草綻放
為大地增添一點顏色
低下頭拿起筆來
美麗的景應該全在紙上投射

人在熟悉的景裡閱讀舊日的印象
親切的氛圍沿著舊日的印象輕描淡寫
儘管伴我走過歲月的風有時大有時小
然而美麗的光影總是漫天撒野

八、窒息

是想尋找什麼珍貴的東西呢
彷彿席捲似的在整個街道翻騰
蒼白的天色裡有人非常忙碌
從這一端到那一端徹夜縱橫

沒有雨陪伴的風顯得頗為急躁
無人理會的街道一片荒蕪
飄飛的衣裙像皮耶考特暴風雨的披巾
人是一棵呆立曠野的樹

咆哮的風來自四面八方
不是婆娑而是連著枝幹一起搖撼
昨日的街道只能蹣跚行經
孟克畫裡不見的聲音正在風中吶喊

隨時動盪的街道沒有明天
這一瞬這一刻就是永遠了
在這個絕對反差的冬晨裡
風很大人卻快要窒息了

九、光影

自然而詭譎神祕而明朗
它常於空中游移也會在林間喧嘩
不僅印象而已的美感就在眼前
景隨著光影不停幻化
一樣的景裡卻有不同的姿彩
多變的景常令畫家拿起筆來戲耍

迎著陽光走進梵谷作畫時的熱情
恬然步入蓮園沐浴莫內一池的幽靜
純粹的美裡沒有一絲雜質
黑白兩色蘊含著豐富的表情
我們看過我們聽過我們也想過
唯獨畫家才能把他們在畫布成形

詩的光影　24

光與影交會的地方可以無限彷彿
有光有影就有風景令人著迷
住在景中本來即是一種奢望
然而人間的美景豈止一時一地
如果畫作是畫家以光影呈現的世界
我們每天都住在美麗的畫裡

一〇、小黃花

黃色的小花開了
石階上的春天來了

不屑庸俗踩踏過的土壤
獨自託身於隱密的石縫裡
儘管一樣綻放淺黃色的花朵
但卻多了一分罅縫清流的氣息

又斑又駁的時光並未凋殘
自然常在有心人的眼前入畫
美景所在遊者必然蜂擁
寧靜的大地並不喜歡喧嘩
人來人往之處不容逗留
唯獨此地才能從容展現風華

永恆無寧一種想像
長與短不應全由時間量裁
當神話與傳說被滄桑的歲月沒收了
沉默的記憶則將美麗永遠盛載
沒有如茵如毯的夢想
小花只是想為石階增添一點色彩
生命的花朵隨時都在綻放
任憑人間夏去秋來

一一、七星山上

隔著幽深的深谷
不遠的遠山遠在現實之外
有些隱約的雲海沒有邊線
縹緲地依偎於天空曠闊的胸懷
至於那一眼不止的綠
則沿著起伏的地勢到處徘徊

在人世苦苦覓尋故鄉的靈魂
來到七星山上依然迷失了
沒有焦點的美景處處可以落腳
漂泊的靈魂應該如何選擇呢
誰知道只是尋常的山與谷與雲海
聚在一起居然能夠美得如此奇特

就這一片視野夠了
記憶與回憶在這裡是多餘的
彷彿無從感覺的感覺卻很真實
一向在乎的時間就讓它這樣擱著
眼前的美景突然顯得理所當然
人在畫幅之中也變成一句詩了

一二、一彎曲流

——坪林的大舌湖

隨興地蜿蜒一路向前
優雅坦率的湖面深碧如染
北勢溪來到大舌湖嫣然一轉
美麗的曲流噴爆著澎湃的美感

有點湍急的水流一片深澈
陣陣水聲由遠而近復歸於沉寂
群嶺環抱薄霧輕籠的水面
無倒無影只是無邊的寧謐

緊緊傍著溪畔
水流一波波只能目送而難以並行

心在還算寬闊的水上悠揚
溼潤的空氣則將思緒全部甦醒

彷彿閱讀艱澀的哲學
本欲深入探訪的人只能走走停停
一仄小徑一畦茶園都值得細細品味
何況還有潺潺的溪水一逕奔行

一三、霧社櫻王

——在觀霧國家公園內

像白色的羽毛彼此交疊
齊在曲折有致的枝頭展翼
亮麗的陽光無法掩去它的光芒
嫣然的花瓣則於樹上旖旎

如雪的花朵自地面迤邐而至天際
蒼勁的樹幹伸出輕柔的枝條
枝條愈伸愈長花朵愈看愈白
開朗的美感在微笑的花上招搖

風來一陣陣雪白的浪濤一波又一波
盡朝空中推擠

耀眼的白在蔚藍的藍天之下喧騰
細細的笑聲隱隱隨風而起

輕輕地撿起一捧詩意帶回臺北
這片純淨的美麗應在他們的髮上洋溢
讓久已迷醉粉紅浪漫的朋友們
也能品嚐霧社櫻王夢幻的驚喜

一四、那山那谷

——在南澳南溪

似有所指而非實指的那
容許想像隨心所欲地塑型
至於具體的山具體的谷
則是植基於事實才能想像的限定

憑空想像雖然很美
可惜只是一場美麗的虛無
就在眼前卻連想像都難以框住的景
才有親歷其境而置身夢中的彷彿

不用引經據典掉弄腦中的書袋
泰雅「我的家」簡單明瞭的標示牌

那山那谷

早已挑逗心向自然的人呼引而來

層層疊疊的山層層疊疊
蜿蜿蜒蜒的溪蜿蜿蜒蜒
人在湍急的南澳南溪上抬起頭來
那山那谷已在天的那一邊

一五、合歡山賞花途中

沿途都是值得駐足的景點
可惜這條公路僅供通行而無法暫停
即使匆匆地一瞥已經夠人驚豔
然而置身景中卻只能悵然地行經
搖下車窗透明的隔閡
掠過美景的風正在耳畔低鳴
至於一部部緊緊相從的車子
則須繼續前行

在群嶺環抱的稜線公路上
樸素的藍與綠蔚成天地繽紛的顏色
像誤入夢幻森林的蛋糕小屋
不聽指令的眼有如久未進食似地飢渴
走走停停在擁擠的合歡路上停停走走

我在我也許不在了
興奮的思維掙脫拘謹的韁繩
天更高地更闊路更長了

幾道線條幾處陰影構圖的山與谷
坦然呈現可以多解的原始
白雲是天空刻意留下的空白
讓旅者以想像完成一首自己的詩
與山對話山會拂動草木回應
和谷交談谷以回聲一五一十
思考想思考而未思考的東西
是人此刻自然而然會做的事

彷彿才剛看過其實景景不同
一走一停都有全新的驚喜相迎
以文字將最美的瞬間寫下即可
何必要求一定攀至峰頂

平時彷彿入冬蟄伏的好心情
來到這裡做什麼都行
猶如切面繁複的鑽石
每個角度都能耀射璀璨的風情

看熟悉的景不止熟悉的感覺
不滿意自己的自然隨時都有新作
周遭都是風景沒有選擇的困擾
發現的喜悅則在臉上不停閃爍
美麗的視野把眼睛給刺痛了
微笑的靈魂早已蛻去原來的自我
人的責任就是永遠保有夢想
而眼前給予人的比夢想還多

一六、路燈下的雨景

彈跳的雨水參參差差
閃爍而成一地金色的光景
又急又驟的雨愈濺愈高的雨點
一盞路燈一襲美麗的風情

像春天的新綠盎然地在梢頭競逐
像溪畔的螢蟲自草叢熱鬧地穿梭
像成群飛向人間的小精靈
興奮地於大地之上藏藏躲躲

雨下的街道沒有人煙
燈照之外一片清冷
反差的世界裡沒有其他顏色
只剩陣陣雨聲

獨自清醒的人彷彿置身虛幻的夢境
猶如夢境的景卻具體地呈現於面前
一雙眼睛幾盞燈景夠了
聽憑黑夜盡情蔓延

一七、師大的大樹下

渾厚平穩的木椅整整齊齊
無所待也無所不待地排列成行
高大聳立的樹木蒼蒼翠翠
有疏有密也有濃濃的樹蔭遮擋
陽光趁隙灑下狡黠的星點
輕閒的微風整天在此遊蕩

每天人來人往卻彷彿沒有人煙
不是公園而有已被遺忘的感覺
寧靜是此刻唯一的擁有
放心則將外在的世界隔絕
即使只是喝杯咖啡喘口氣
也能自複雜的人事輕掠

你看我瞧的視線不必交集
你講我說的低語是自然的美聲
在已上發條的生活裡偶而停機
剎那即能進入永恆
一處位於現在又遠離現實的角落
美麗遍地橫生

一八、水泥地上的小草

管他遍地水泥地磚
就這樣自自然然長著

陽光溫暖地撫慰一點不少
雨水輕柔地滋潤不時巡禮
既然無從爭奇競豔
那就點綴幾許綠意

崎嶇坎坷只是名詞
偉大與平凡的標準本來就很籠統
誰說非得撐起一片天空才有意義
僅止幾句鳥語也能帶來絕美的感動
縱使難以招展而成參天的古木
至少每天欣欣向榮

擁有生命即為最大的奢侈
偶然存在卻形同漂於人世的浮萍
儘管我想我要的想像很美
然而並非處處皆能蔓延成景
把細細的根伸入深深的縫裡
任他風狂雨行
遠離原野的孤獨沒有
獨立天地的自得都是心情

一九、高速公路的綠色邊坡
——在國三木柵至新店之間

綠色的邊坡斜斜地倚著
不理南來北往的車子放肆狂嘯
速度主導的地方不許逗留
潔靜如洗的草地只有剎那的視角

盎然的美感無暇審視
明明近在咫尺卻遙不可及
整天都是車聲的高速公路上
在乎才能瞧見這片寧謐的天地

綠於疾馳的車陣中靜定
似近而遠的景隨時都能瞧見

人在群星閃爍的夜空之下可以盡興
然而這裡只夠匆促地一眼

是時代的背景也是自然的窗臺
尋常的景卻有絕然不同的體會
只為看它一眼
我喜歡選擇這一條路來回

第二章　詩寫生活

一、飛

輕得彷彿沒有感覺的呼吸
每一口都是早晨初始的氣息
像隨意飄浮的雲即興來去的風
美麗的心情可以一再演繹

草更綠了花更豔了
晴朗的視野恣意蔓延
就讓陽光灑在身上吧
溫暖是此刻唯一的語言

如果律動的溪水是一首歌
婆娑的枝條則為快樂的舞者
筆在這裡是用不上的
眼早已承接大地所有的恩典了

久未仰望的天空依然蔚藍
凡是人應該都會飛的
且將紛繁的世界留給喜歡熱鬧的人
我又輕輕地飛起來了

二、即興

賴在大地鋪設的綠毯裡
任意欲驅離的風無法可想
我時間不缺
輕慢的眼前沒有重量

從不經意的花香隨著空氣渲染
眼在景中飄著
無垠的視野裡有我迷失的心
連人也不見了

暫時擱淺使人覺得輕盈
生活應該是一首詩至少一個小節
長篇大論不是我的風格
我每天只想輕描淡寫

寫一片梢頭蕩漾的森林
寫一野怒放喜悅的生命
寫一群迎著夕落的白鷺
寫一隻自晨曦射出的鷹

三、守候

候鳥飛走了明年會再回來
離去的人都到那裡去了
想念歸人的家呆呆地杵在原地
傷心得牆都塌了

從前踩踏的足跡仍然小心保留
歡聚的笑聲好久沒聽到了
人去屋空的家最孤寂
時光又將孤寂的色彩塗得更深了
多少晨昏多少期待都是離情
唯獨多情的風時常前來身旁陪著
人們常說想回到故鄉的老家
有誰知道家正淒苦地守候著

白雲隨時浮於天際飄蕩
離去的人瞬間也變成一朵朵白雲了

溫馨的燈光一定會再溫暖地醒來
綠色的草地應該充滿孩子的歡笑聲的
舊日的情景還在這裡招展
行經昨日怎麼可能把自己也給忘了呢
當候鳥一群又一群掠過長空
家又想起久違未歸的家人了

四、速寫

坐在綠色的草地上等待
不理街上的臉色個個走樣
聲，最好不要
一空如洗的藍已經夠人徜徉

看一朵豔似一朵的玫瑰愈開愈多
瞧一樹連著一樹的森林坡坡相仍
陽光彷佛一道道金色的旋律
生命的喜悅有如陣陣微風

獨自與隨時都在的美景對話
唯有想像的思考才能直向雲間
至於沒有邊際的視野不必聚焦
就讓眼睛在此恣意流連

以秒珍惜的片刻可以很長
用情品嚐的一隅不再狹窄
我彷彿正在等待什麼
單純的思緒裡有寧靜的空白

五、逛　街

不在乎什麼卻什麼都很在乎
驚喜可能就在面前
彷彿想自沙中覓尋閃亮的黃金
張望的眼一件又一件一間又一間

一樣的商店可能會有新的發現吧
沒有好奇而心存些許的僥倖
無可無不可地走在沒有目標的街上
像沿途設站的火車走走停停

你走我就走你停我就停
紛沓的人群踩著相同的節奏
陌生的臉孔張著一樣的表情
人人期待的眼睛都在貨架上頭

人愈多視角愈小
眼睛處處碰壁
都是顏色都是聲音都是晃動的形影
人在熱鬧的街上幾近屏息

六、偶像

拿出照片一遍再一遍仔細地端詳
年輕時的自己居然是我最美的身影

如在昨日的輕狂愈來愈遠了
檢視身上的行囊僅剩幾許曾經
例行的忙碌將每天的視野遮去了
然而苦苦奔行的暗夜終究破曉天明

未曾浪費的青春悄悄溜走了
時間從不拋錨
豔麗的玫瑰凋零了不足惜
只要綻放過了就好
眼前到處飛揚的青春並不羨慕
因為我也曾經飛得很高

人生可以有很多如果
相信即能給人驅使的動力
活是為了提醒人間還有美妙的事情
能看能聽能夠感受就是一種奇蹟
雪非覆蓋而是把大地美化了
夢想即使化為灰燼仍應握在手裡
欣賞是此刻唯一的心情
我欣賞年輕時候的自己

七、拋錨

車像直射而來的箭一支支
全部針對自己
人在老舊停擺的駕駛座上
顫慄

車像澎湃的浪濤襲向海岸
一波緊似一波
人困處於猶如孤島的拋錨車中
顛簸

一排排車陣一波波車潮
彷彿舟行於湍急的萊因河
金髮美聲的羅列萊不在這裡
大家應該都能避開險厄

生與死在高速公路上沒有距離
陰鬱的天空只剩一種色澤
拖著疲憊的幸運走出車外
溼冷的冬雨依然繼續下著

八、看畫展

曲折的視線透視色彩背後的形影
直覺的美感游牧於小小的畫幅之間
一框框獨特的風景一幅幅美麗的曾經
畫家將精心打理的自己坦然呈現
平常失去的語彙這裡都能找到
自然滋生的閒情直到天邊

才初次瞧見的情景卻很熟悉
似曾相識的眼前備覺親切
不是故鄉的故鄉好像我的故鄉
如夢似幻的感覺就在畫裡輕描淡寫
像回家一樣的人在畫中迷失了
此刻只想留在這處優雅的原野

沉入畫裡的人又從畫幅醒了過來
似乎靜止的景物其實生生不息
時而在畫中時而在畫外的彷彿
別有一種美麗的迷離
而早就逸出畫者想要表達的畫境
我想把它即興語譯

浪遊的風什麼聲音都有
飄搖的葉有豐富的表情
無窮的景深就用想像飛吧
小小的畫幅其實沒有邊境
原來一樣尋常的景並無什麼特別
然而一入畫框即能教人眼睛放晴

九、給梅娜

如果我是一陣風
我只想將歡笑聲送達妳的耳際
這位彷彿來自霧中的女孩
閒靜優雅是我人生最大的驚喜
今天的妳依然是昨天的樣子
歲月並未在妳臉上留下太多痕跡

妳的笑容是天地絕美的風景
足可打開藍色的天空讓白雲翻滾
妳的聲音得以甦醒冬蟄的草木
喚來一季隨時都能早到的春
只需妳那輕柔的一眼
再苦澀的曾經隨即化為甘醇

童年雖然早已遠去
童話卻是我每天真實的生活
我不是風采翩然的王子
卻與灰姑娘擁有美麗純真的王國
行經繁華走過荒蕪還好有妳相伴
我幸福的一生快樂才能這麼多

一〇、手足情深——岳母張蔡碧月媽媽與舅舅蔡金福先生的兄妹之情

忘了應該謹踩慎行的小心
伸出手來扶持兄長的臂膀
手足相依相倚美麗的風景
瞬間閃著至情暖色的光芒

歷經坎坷的天性依然純摯
乖隔兩地的親情始終繫連
已高齡的兄妹難得的餐聚
這是一個有情有愛的人間

從前朝夕相處點點滴滴皆存腦際
各自成家之後還是把心掛在彼方

無從預知的人生雖然有風也有雨
但遠地深切的關懷彷彿即於身旁

看母親臉上愉悅又陽光的笑容
我們放下子女自然會有的擔心
就讓這兩位天真而可愛的老人
用腳彩繪久被你我遺忘的溫馨

一一、生日之歌

屏息等待香檳彈開瓶蓋的聲音
頻遭風霜刻蝕的臉龐笑了
遙遠得彷彿傳說似的從前
又在眼前熟悉地暈開了
曾經喧鬧的歲月如今不再的青春
久違了

金色的友情自杯底興奮竄起
春天的早晨於串串的笑語中停格
無限歡愉在你我的眼裡閃爍
醺然的酒意已將時光的痕跡模糊了
原來老了只是隨口說說
年輕還在我們的心頭蕩漾著

一人生日大家生日
不再奢望的日子仍有驚奇等著
淺斟慢酌片時也可以很長
沒有公式見面就是美麗的時刻
昨天今天明天
時常歡聚才不會讓時間悄悄溜走了

一二、耽擱一下

停下車來看個真切
餘光瞥見滿樹怒放的曠野
純淨的色全是閃亮的金黃
不是黃花而是黃葉

黃色的葉是花是蝶是春日的精靈
由下而上將整片空中渲染
伸手揉揉如被遮蒙的雙眼
不是有物沾黏而是美景遍地招展

錯得美麗的錯誤就讓它錯吧
唯有錯誤地自例行的作息離線
鬆開直視的眼睛隨意瀏覽
才能不叫美景屢屢掠過眼簾

在從未停駐的時光裡放逐
耽擱一下品嚐驀然的驚喜
既然已被金色的黃瀑淹漫
何妨乘著波浪划進美好的夢裡

一三、也是鄉愁

可以恣意好奇放情飛揚的青春
卻獨處象牙塔內僻居於一隅
不及列為歷史建物的宿舍雖然不見了
陌生的麗水街上熟悉的古意依然濃郁
二十二年自我隱翳的黃金歲月
並未遠去

從前的街道餘溫猶在
昔日彷彿親友的鄰坊常在心田
親切的臉上雕著時光的痕跡
溫馨的小公園已被冷漠攻陷
對於懷舊並不友善的大樓愈築愈高
然而尋夢者回來總是欣然看到從前

眷戀故鄉是天性
懷想久住的地方是感情
這種感情有時比思鄉還要濃烈
思鄉像馬諦斯的用色單一而純淨
久住則是莫內畫作的風情
每一色彩經過多種顏色調融而成形

儘管感覺只能放在心裡
每次行經還是多看兩眼
以參與者的身分而非過客
想逃離現實現在早已步於人前
長年埋首從不在乎窗外的人
如今卻想常來這裡流連

一四、風雨之間

將一切淹漫之後
不辨遠近的雨聲一時齊聚跟前
雨由小而大又由大而小
走向窗前猶如行至斷崖的邊沿

沒有視野的雨下卻有一致的視野
點與線消逝了
一片聲一野蒼茫一層又一層
在雨中在雨外人也變成一滴雨水了

感性地對待自然也有溫柔的一面
腳踩的草地時常隱含深沉的訊息
被雨卸去面罩的大地顯得輕靈
橫溢的水氣於長長的街道飄移

想刻意地放空然而思緒早已葳蕤
炫目的聲彩則把雨中的視線蒙蔽

以忙碌堆疊的圍籬再密總有縫隙
不勞想像的自然隨時都很美麗
平靜的生活使人覺得理所當然
唯有凜人的震懾才能喚起原始記憶
就讓風這樣吹雨這樣下吧
陣陣風雨陣陣淒迷

一五、奇萊山上

以愉悅的美感目送
在今日即將消逝的奇萊山上
我的心情是一支悠揚的歌
沒有感傷

每一個瞬間都有不一樣的眼前
不一樣的眼前卻有相同的感動
像風吹走迷霧揭開如夢的湖面
像雨輕點花叢綻放甜美的笑容

明天是令人期待的
有誰能不嚮往期待的東西
想喊就朝著山頭想飛就迎向藍天
何必擔心容顏洗淨看到的不是自己

自忖並非雄視大地的鷹
卻想隨時都在林間優遊
儘管崎嶇的山徑一路蜿蜒
我卻只想在此恣意逗留

一六、對著遠山

不必言語
我與山林整個下午都在聊著
隔著距離卻如在近旁
風即興地吹拂好似一首輕慢的歌
沒有主題的話內容很多
彷彿入耳的聲音只是一種感覺罷了

森林隨著呼吸起伏
綿延的遠山恬然地坐著
並非朋友然而彼此熟悉
僅僅望著人像棲於山中的隱者
用眼用心也憑感覺
感覺則將活躍的思維取代了

對著遠山我有很多的話想說
紛繁的心緒反而平靜下來了
淺淺的緩緩地輕描淡寫
何妨一個下午又一個下午呢
藍與綠純淨磅礡的天地裡一片寧靜
縷縷煙嵐早已參差地浮於山頭了

一七、愛情故事

像古老的傳說那麼遙遠
像從海上吹來的微風那麼輕
如夢似幻地叫人如痴如醉
一陣又一陣一景又一景
這些幼年自以爲主角的故事
甜美淒迷填滿整個心靈
如今青春不再的人回頭一看
臉頰兩抹淺淺的緋紅還是隱隱成形

料峭的春如詩感覺卻有點冷
也唯有這點冷才不致把它給忘了
事已過境已遷依然逗留的人
不是捨不得而是難以割捨
從此過著幸福快樂的日子

在童話的世界裡才能尋得
有坎坷有崎嶇而且老是起起伏伏
人生的路上並非只有歡樂

沒有羅烈萊的萊茵河是一幅畫
可惜少了幾許詩的意興
萊茵河優雅平靜的水面
最怕縐起一河倩影
也許我們活著僅為一個故事
然而故事卻使人類更為豐盈
在朋友身上我看到我也聽到了
此刻我的心情是海涅的心情

一八、與父親同在

像探尋寶物的冒險者滿懷著興奮
像印象畫作的筆觸可講也可述
走在父親應該走過的街道
我與父親的距離霎時泯除
莫名的親切一時齊湧心頭
父親臉上的皺紋一清二楚

看父親看過的景聽父親聽過的聲
熟悉而有溫度的幸福就在心窩
初次到訪即有溫存的感覺
如閃如躲的形影彷佛父親陪伴著我
發現只是為了摭拾遺落的親情
親臨才能融入父親在世的生活

在異國的街上咀嚼異樣的溫情
卻總覺得對父親的瞭解太少了
只要一睹舊物即能回到從前
然而人在清寂的夜晚不禁悵然苦澀
想一點一滴把父親的影子拼湊起來
影子卻從記憶之中一點一滴流逝了

一九、爸爸的心聲

近來是有這個奢侈的打算
但連媽媽我也未曾明言
是心有靈犀相通的親子之情
還是訊息曾經流露於眉宇之間
今天小翔送來一臺很大的電視
只因我常欣賞音樂的影片

年紀雖然大了猶能盤旋於天際
才剛舉翼怎能加重翅膀的擔負
能夠給的不多我有深深的歉意
得見揚眉於梢頭我還有什麼不滿足
當愈長愈高的樹離地愈來愈遠
我願如堅硬的岩土把根好好鞏固

請儘朝曠闊的空中盡情伸展
雄視大地的鷹不應有所顧念
你扶疏的快樂是我歡愉的源泉
你飛騰的表現讓我們驚喜連連
人生的風景我看過了也走過了
唯獨你們的笑聲何妨一遍再一遍

二〇、與年輕對話

彷彿正與昨天的自己聊天
久已沉寂的生命就在對面招搖
昔日擁有的感覺如漣如漪
年輕的從前突然不再縹緲

原來已被自己棄置的青春還在
掩去光芒的火焰依然溫熱
儘管歲月彷彿一道道隔離的鐵網
火花仍像雲層中的閃電不受羈勒

看熟悉的影像溫存記憶的風景
曾經好奇的人重新把帆揚起
雖然漸衰的身體隨時提醒已經老了
然而時光並未使飛揚的心靈折翼

對著夕陽也許會有美麗的感傷
聆聽輕狂的聲音才不致將自我忘記
昨天看似遙遠其實從未遠離
年輕的眼前都是自己

二一、朋友的朋友

以幾條線索鉤勒話筒另一端的形影
以認知的印象辨識陌生的臉孔
像霧中模糊的情景具體而隱約
像冰山透出來的光線冷漠而朦朧
懷著興奮又有些顧慮的心情前去
誰的樣子才能和朋友口中的朋友相同

朋友口中的朋友有如散逸的圖塊
僅憑幾句就得將零亂的圖塊拼合
朋友的朋友想必即為我的朋友
可是對於朋友他應該自有尺寸擱著
朋友不在場時我是一位意外的闖入者
怎能要求陌生的朋友接納陌生人呢

走在朋友熱情為我搭築的橋上
而於無從感受的身上尋找共鳴
猶如須自園中摘取最美的玫瑰
然而最美在我眼中卻無所依憑
一切全是彷佛
陌生的熟悉其實只是一片虛擬的浮萍

二二、犀利的眼神

像自長空臨視大地的鷹
不覓獵物而洞澈人心
再深隱的祕密都在視距之內
而才剛微露的徵兆早已窺得音信

尋常的視線卻能踰越眼力的限制
同樣的視野瞧見的場景顯得更長
足以透視的眼並不嚴厲
然而犀利的目光往往將人灼傷

成天紛紜的人世有真也有假
表象與真相其實都在眼前
美麗的眼眸不應美麗而已
唯有冷靜才能燭照盤錯的大千

掠過水面風才能帶來雨水
肥沃的土壤則是萬有的孕育者
僅止一角的冰山藏著更多的美麗
只見其然怎麼夠呢

二三、就這一片風聲

讓微風自敞開的心來來去去
讓原野為詩意的情上色
溪流淙淙緩緩流進畫的框裡
輕漾的枝條彷彿揮奏豎琴的樂者

有山有水有扶疏的森林
花是香的水是涼的陽光是熱的
即使只看那淺淺的一眼
也能享受漂泊人間的快樂

烏雲遮蔽的天空總會晴朗
擺脫在乎的牢籠美景都在眼前
如畫的世界想像詩的語言就能擁有
我在春去秋來的季節裡欣賞時間

從不流行也不退流行的自然
一個早晨又一個早晨
就這一片風吹樹葉的聲音
我樂意為人

二四、一切只爲美景

腳一走動即有全新的構圖
一張張構圖一幅幅美麗的風景
景隨著移動的腳步變化
人在景中欲行還停

彎曲的聲音在大地漫無節制地飛
僅供直視的眼睛卻將天際穿透了
淺品慢賞不用急著一口吞噬
靜得近乎奢華的自然都是你的

如果不動的建築是凝結的旋律
飄搖的葉則是正在彈奏的音符
皎潔的白雲飄來了又飛走了
綠得只剩綠意的草地早已欣然填補

在畫裡迷失了誰在乎是否還能醒來
於美得足以窒息的景中就把呼吸忘了
處處是我家處處非我家
有美景有音樂的故鄉在那裡呢

二五、喜歡講話的人

一路喃喃不絕的溪
在山澗在平野都有話要說
儘管沒有聽眾
它還是自顧自地娓娓自若

有時怒吼有時低語的風
迫不及待地想將大地的丰采一五一十
不論你喜不喜歡
它老是反覆一些相同的故事

對著自己想說什麼就說什麼
沉默的人其實隨時一聲又一聲
雪萊並非到處遊唱的詩人
然而詩裡的雲雀至今依然跳跳蹦蹦

沒有對象沒有聲音的話可以傳得更久遠
一首詩一篇文章幾個世紀還是機趣橫生
如果提起筆來也是一種表達
我是一道好動的溪一襲任性的風

二六、青春那裡去了

踩著一地枯黃的樹葉
跌落的青春依然閃著金色的光澤
走在時光軸線的人猛然回頭
秋風已經吹來了

人人都說秋天是收穫的季節
為何歲月的庫存愈來愈少呢
我想為斑駁的畫布塗上更多的顏色
然而可以揮灑的色彩所剩不多了

昨天看似遙遠其實還在眼前
明天卻早已來到了
只是路過從未歇腳的時光
你為什麼不覺得累呢

一則回憶是一段甜蜜的結束
永恆不過瞬息之間罷了
而為秋天點亮視野的落葉
你是否知道我的青春那裡去了

二七、熟悉的陌生人

沿著溪畔曲折的小徑
我要走到有夢的地方
潺湲的溪水還是哼著好聽的旋律
穿梭林間的太陽閃著頑皮的光芒

光芒被依然炙熱的大地蒸發了
沒有月亮的晚上才能瞧見星星
整片如詩的美景我看太多了
就讓此刻歸於寧靜

寧靜的夜晚藏著許多故事
久未憶起的童年連感覺都變了
坐在這處可以呼吸的綠野
靈魂也化為一朵天空的白雲了

白雲浮於每一個童話的故事裡
應該也見過我舊時遺落的歡樂
幾經蜿蜒注入心湖的小溪還在
熟悉的陌生人回來故鄉尋夢了

二八、母親並未遠離

您並未遠離
只是換個地方居住而已
從前必須舟車勞頓才能仰承親顏
如今對著天際即能和您一起

溫柔的風彷彿您粗糙的手
總是讚許似地輕撫我的髮梢
這種感覺隨時都有
不再一年僅止幾次回家向您問好

您經常掛在嘴邊的話成為我的口頭禪
您走過的田埂是我重返舊日的小徑
眼前的情景沒有什麼改變
您佝僂工作的背影依然鮮明

當太陽燃去最後一根木柴
您會放下鋤頭而將小手緊緊地牽著
回頭一看灰暗的天色由遠而近
寂靜的田疇也愈來愈模糊了

二九、穿越雨中的人聲

是走出山洞的查拉杜斯屈拉
還是站上海德肥皂箱的邱吉爾先生
當雨下的一切都顯得沉重了
唯獨人聲

細細碎碎急急躁躁又憑空竄起
不同季節的雨齊於人前相聚
聊天的聲音在輕狂的雨中參參差差
穿越雨中的語聲猶如眼前過動的陣雨

如果雨能將大地淨化
為何人聲依然句句清晰
聒噪的雨下理應一片寂寧
才剛甦醒的靈魂又走失在饒舌的話裡

蔚藍的晴空只有一種顏色
美妙的旋律那須裝飾多餘的音符
可是自以爲的演奏喜歡華麗地賣弄
而輕薄的白雲總是隨意亂入

三〇、當時我們都還年輕

還是做夢
可是夢中的情節顯然有所改變
從前只能於書上看到的
此刻活生生地全在眼前
原來王子公主的故事並未褪去
青春早已悄悄地開演

是風是雲是一野繽紛的花海
青春的形貌本來就有千種萬種
如果青春是一則故事
你的我的一定不相同
有開始有結局的故事是童話
而青春即為童話省略的內容

我在她的眸子瞧見自己
她的笑顏在我的眼裡蕩漾著
距離傑克魔豆的童年有些遠了
而想上夜空去摘月亮的梯子太低了
人於現實與憧憬之中流連
彷彿泡沫的幻影一個一個破了

至少曾經應該不是安慰的話
年代久遠的往事至今仍然新穎
喜歡閱讀故事的人
往往忘了主角就是自己的身影
何妨打造一副伊卡洛斯的翅膀
因為當時我們都還年輕

三一、臺北異鄉人的心聲

孤懸於天際的明月太淒冷了
不停閃爍的星星太無助了
當夜幕低垂華燈初上時
期盼萬家燈火的一盞能是我的

無依的船隻每天都於海上漂流
隻身在外的人只求爭得一間房舍
平安夜裡兜售火柴的女孩
誰能同情她的內心正在想些什麼呢

偌大的天地何處才是我的歸屬
茫茫人世落腳的地方總該能有一個
一枝就足以棲身了
何必整座森林都是我的

成功的定義人人不同
然而只要得以安居即可
如果回家是回到自己所擁有的家
誰還會在乎白天工作有多辛苦呢

三二、那位喜歡看牛的小孩

粗獷的草地從邊岸向水面縱橫
天與地與溪的比例隨著心情延展
喜歡看牛的男孩坐在邊坡上
盛夏的天空依然晴藍

詩意彷彿一地正待拋售的廉價品
可以挑可以撿也可以據為己有
幾隻不知誰家的牛低著頭吃草
牛在藍天與綠地之間無盡悠悠

偶然行經幾眼無意的景
卻像漂流不去的櫻始終周旋纏綿
淺淺數點即已暈成一溪粉紅
只要憶起就能瞧見春天

舊日的時光應該依然停駐那片原野上
幾次想到也幾次回來卻總像個旅者
揚塵自遠而近還是掉在溪的那一端吧
然而那位喜歡看牛的小孩那裡去了

三三、甜美的歌聲（描寫芮芮的詩）

美好的事物不必太多
只要曾經即可永恆擁有
美妙的樂曲僅需一兩個音節
歡愉就能隨著旋律優遊

像東風點醒原野似地輕盈
像露珠晶瑩草木一樣地明澈
當隨口不經意的歌聲翩然而出
荒蕪已久的心田又綠意盎然了

無須盤旋於天際再回到地面
不用轉幾個彎之後一路迤邐
源自幸福國度的聲音
對生命有著最美最真的語譯

純淨甜美遠出動人的音頻之上
可以用耳用心用想像一再地徙倚
這是足以滲透靈魂深處的音符
就在孫女芮芮簡單自然的歌聲裡

三四、欣 賞（九個月）

忘情忘我忘了才剛出生幾個月而已
當音樂響起就興奮地搖擺
旋律停了「啊」隨即脫口而出
意猶未盡的兩眼都是期待

看芮芮隨著樂音律動
從感覺從感動從深處的心靈
喜悅有如暢快的溪水
頓時將全身的細胞整個甦醒

音樂把祖孫的距離拉得更近了
親情在奇妙的感應裡不停堆疊
不必言談不必說解也不必牽強地附會
看似彷彿卻又那麼地直接

每次芮芮來到阿公的家
我們猶如坐在華麗的歌劇廳堂
唯恐漏掉任何一段精彩的演出
不只呵護不只陪伴而是雀躍地欣賞

三五、給孫女芮芮（一歲五個月）

每一個瞬息即有豐富的表情
每一個鏡頭都是難得的焦點
又是拍照又是攝影又是取景
我想將妳純真的歡笑一再重現
只要妳在眼睛自然忙碌起來
唯恐遺漏任何一個精彩的畫面

我想以生命的語言把妳記錄
處處驚喜的眼前怎能不寫成詩呢
妳是乘著翅膀飛臨的天使
是帶給人間歡愉的使者
妳的聲音猶如美妙的音符
已在飛揚的五線譜上自然成歌

我懷著滿心的喜悅
像個遊唱詩人興高彩烈地說
聽妳看妳不僅使我憶起遙遠的童年
而且引領著我走進唯真唯美的生活
我們愛妳寵妳也會陪伴著妳
妳晴朗的天地絕不容許一絲白雲飄過

三六、春之聲

——寫芮芮晨醒的聲音（一歲九個月）

彷彿喚起草木溫柔的春聲
在寧謐的早上傳來芮芮晨醒的聲音
稚嫩清純不染一點人間煙塵
像鋼琴滴在靈魂澄澈的音頻
足以穿透張力臨界的天色
而將夜晚停擺的大地再次上芯

盎然的原野滿眼翠綠
晴朗的天空應該只有一種顏色
美麗的世界本來非常樸素
然而人類形同尚未完成的畫者
堆疊堆疊再堆疊

從此一致的人性開始分歧了

簡單才能具有無窮的美感
繽紛的自然只是光與影的變化而已
現實的生活並未使人失去童年
伊甸園的圖景一直都在大家的心底
猶如芮芮醒來僅僅一兩個音節
久已遺忘的天使之聲已在我心洋溢

三七、想　家（二歲）

走出阿公的大門一次又一次
家的呼喚彷彿一聲又一聲
儘管低垂的夜幕籠罩整個大地
想家的小孩分秒也不能等

家是一盞燈一顆星一輪明月
隻身闖入漆暗的街道
此刻是依偎於爸媽懷抱的時候了
不論人在那裡家都能清楚看到

想念是心靈甜蜜的感應
想家猶如即將彈回原點的彈簧
只有無家可歸的風才會到處流浪
至於雲則老在自家門前東張西望

我愛的家人應該天天生活一起的
大人為何喜歡住在不同的地方呢
在似懂非懂的純真裡僅有一個想法
可惜動人的畫面畫家錯過了

三八、想　念（二歲一個月）

沿著滿心的好奇走進陌生的世界
眼前彷彿想像的情景成千成百
小小的心靈沒有太多的願望
來阿公家是每週固定的期待

天真的芮芮興奮地在階梯上上下下
忘齡的阿公忘情地溜下滑梯傻笑
急於照顧的阿嬤忙得來回奔走
嘹亮的笑聲在陽光之下一起閃耀

芮芮把阿公蒼老的臉暈紅了
久已遠颺的童年剎時又回來了
儘管迭經歲月磨蝕的身體隱隱叫停
然而難得歡聚的時刻怎能不珍惜呢

美麗的回憶猶如逐漸泛開的漣漪
相處僅僅一天想念卻長達一個星期
原來了無牽掛的人牽掛最多
溫馨的甜蜜不再只是聽人說說而已

三九、笑　聲（二歲二個月）

儘管不得手提重物
我還是把芮芮抱起來了
芮芮甜美的笑容瞬間綻放
這是我所見過最美的風景了

看著芮芮興奮的表情
原本顧慮的謹慎也忘記了
像微風輕輕地吹拂臉上
風雖小感覺卻很深刻

伴著小孩走入純真的世界
處處都會有驚喜的
已經失去的人生就讓它失去吧
擁有值得珍惜的這一刻就夠了

只要芮芮在
再大的房子也會被歡愉爆開的
芮芮回家了笑聲依然隱隱約約
我知道我又想念芮芮了

第三章　詩寫時代

一、二二八

儘管時代繼續向前
那一刻卻永遠於此駐停
風總是從過去吹來
聲聲傳達不及吐訴的心靈
早已乖隔的親情在紀念碑前相聚
都是影子的眼前全是表情

親者切身的傷口還在
常人則僅能憑著想像
暗黑的夜裡呻吟吶喊依稀可聞
晴朗的白天大家忙著歌頌太陽

人們都說時間能讓事實呈現
事實反而趁著時間遠颺

當冷漠成為共同的記憶
世人不再感覺疼痛了
相信時間能把傷口癒合的人
絕對不是受難者
理應全民承擔的歷史
實際上彷彿正對著受難者問責

從過去吹來的風一樣清冷
只是多了幾許沉澱已久的苦澀
感同身受好似廉價的紓解
卻是人性最基本的投射
傷痕累累的昨天雖然遠了
我們又將如何面對文明的明天呢

二、波蘭，謝謝

風雨霜雪的冬季過了
草木葱蘢的春天來了
傳統的價值早已盤根錯節
民主的精神只是天性罷了
長年被壓被迫的悲愴鍛鑄的意志
已在和平的大地綻放自由的花朵了

曾陷於苦難的人們沒有悲觀的權利
強鄰環伺的國家心手自然連在一起
工作就是生活
朋友恍如上帝
遙望至今仍然困處於從前的臺灣
不吝伸出援手想將我們一併提攜

惺惺相惜的感覺日益滋長
如在近旁的情誼已成常態
且將糾葛留於歷史的灰燼裡
文明的波蘭就在眼前不能等待
縱使瘴煙癘氣妄想把天遮掩
朋友彷彿晨陽的善意依然破曉而來

三、捷克，謝謝

樸素的街道異常地繽紛
中世紀經典在現代的美感裡起舞
紛紛擾擾的從前沒有贏家
一意地堅持所以步出迷途
昨日仍然牢記於心中
得以選擇的今天當然奔向民主

再多的輝煌再多的慘痛都只是一時
覺醒的人只需相信自我
守著傳統而迎向燦爛的陽光
走過歷史也擺脫了歷史的漩渦
悠悠的莫爾道河依然優雅
波希米亞的草原開滿了文明的花朵

腳踏實地不尚空談的國家
對陷於苦難的朋友總是挺身向前
美麗的風土散發著文化的芬芳
童話的世界容不下醜陋的嘴臉
暴怒的惡龍只能吞火自噬
及時的春雨則已堅定我們追求的明天

四、今天解封了

想念那料峭清冷的晨風
頑皮地盪著髮梢搖曳
想念那例行運動後的餐聚
熱絡的喧嘩聲群在空中推擠
疫情急急地來又緩緩地走了
解封的今天正是夢魘醒來的日期

亮麗的陽光灑在美麗的大地之上
久違的笑聲則自禁錮的心裡發出
溼潤的空氣洋溢著花草的芳香
冷清的街道又是三三五五
睡美人睡夢的眼張開了
疾疫的魔咒頓時解除

眼前的朋友形同遠地歸來的候鳥
此起彼落的招呼句句悠揚
彷彿停滯的烏雲飄走了不用懷疑
此刻的心情好似行經暗夜的朝陽
然而疫前理所當然的認為
如今是否只能想想

並不熟識的朋友卻有親人的感覺
陌生已被相隔的時間熟悉了
想望也許只是遙不可及的奢侈
不羈的閒聊卻連天際線都打破了
原來得以自由的呼吸就是幸福
歡樂早已藏在尋常的生活之中了

五、印象派畫作

不屑傳統追求完美的一再修飾
用筆力度與作畫的技巧大方顯露
捕捉光影重現眼前的印象
且將瞬息即逝的視野留住
也許是畢生僅此一見的美景
怎能不把它框進畫布

景物隨時變化的旖旎
須用色彩和筆觸來摹寫
靜止的畫面流動著當時的時光
單純的色本是多種顏料的堆疊
當其景其境得以全面還原
人也彷佛置身於圖中的世界

微風裡花草的氣息隱隱約約
競萌的綠意擠在梢頭招搖
梵谷星夜的星星一個一個亮了
莫內印象日出的美感正於畫中咆哮
是圖也是景是虛幻也是真實
畫境早已溢出畫家作畫時的視角

六、埃及金字塔

是前往來世再次復活的平臺
是死後靈魂遊憩的場所
是對永生毫不遲疑的信仰
是深入生命領域具體的探索

以巨大的石材堆疊不朽的文明
以精湛的技術炫耀人類的智慧
深居遠古的金字塔仍於現代逗留
尼羅河畔有著壯美的神話相隨

比歷史還久遠的歷史絕非傳說
比眼前更真實的眼前閃著光芒
寸草不生的沙漠卻萌生燦爛的文化
生或死在此一樣是例行的日常

想與諸神對話而成為另類的神祇
古老的遺跡將美麗與哀愁同時散發出來
再偉大的曾經都是偶然飄過的雲影
然而蒼白的天地多了一抹豔美的色彩

七、故鄉的荷蘭井

——在臺南佳里番仔寮

時間使它閃耀著歷史的光澤
入主的船艦只剩一則遠方的傳說
風來了雨過了時代也不同了
典雅的荷蘭井依然故我

從前母系祖先農牧的草地不見了
晨起嘹亮的號角聲也杳入天際
只能想像的從前實在難以想像
重臨舊地僅止為了溫存幾許依稀

踩在平行時空曾經交錯的點上
猶有一縷陌生的孰悉

有悲有喜有淚有笑的故事還在流傳
昨天的記憶如今都很美麗

擁有讓自己覺得沉重
卸下又彷彿置身於窅暗的幽壑
靜靜凝視早已乾涸的荷蘭井
沉默的西拉雅裔實在有話要說

八、立陶宛的巧克力

比蜂蜜還甜美的東西不是蜂蜜
比現在更真實的現在就在嘴裡
沒有不順眼的眼前
沒有不稱心的心意
濃郁的芬芳自口中逐漸瀰漫
美麗的氛圍則將紛擾的塵煙隔離

天冷才能綻放美麗的花朵
用情即可製作開懷的笑聲
不絕的暖意使冷漠的心融化了
齊湧的喜悅彷彿陣陣吹拂的東風
說什麼都太遙遠了
一顆巧克力一個有感覺的人生

孤獨的人可以自在找尋自己的靈魂
歡聚時刻大家都有一張天使的笑臉
當露特敲開快樂的大門
想像隨即盤踞整個思考空間
不是睡美人或人魚公主聲聲的呼喚
而是手牽手邁向獨立的當年

堅持經典而加入時間的滋味
採入莓果而把豐富的色彩呈現
以國花芸香為名的巧克力
人人都能挑選所愛的體驗
淺品慢嚐屹立百年的驚奇
再冷的寒冬也是春天

九、立陶宛的蘭姆酒

讓友誼的芬芳在室內洋溢
只是擺著就有莫名的感動
不惜眼前的利益不計經濟的壓力
雪中送炭的感激盡在你我的心中

以臺灣海峽與歐亞大陸截然畫開
獨自位於太平洋西側的起點
不屑黃昏的餘霞而迎向東升的太陽
自立自強屹立於天的另一邊

四面環海的孤島沒有鄰居
朝夕渴望有人瞧見而相挺
今從漫漫的長夜醒來美夢居然成真
童話的國度已經遞來童話般的友情

僅在書上讀過的地名如今不再陌生了
寒帶的朋友卻對我們伸出溫暖的雙手
像露特巧克力甜甜的都是甜美的感覺
像立陶宛蘭姆酒濃濃的點滴全在心頭

一〇、匈牙利的煙囪捲

咀嚼著滿心的好奇
不曾嚐過的感動卻有熟悉的記憶相從
是小孩邊走邊吃邊嬉鬧的笑聲
是環於手腕縈繞心靈的懵懂

街頭的點心逗引遠方的遐想
匈牙利的街景依稀就在眼前
距離可以增加美感的張力
美感又將鏡頭拉回早已遠去的雲煙

異國的尋常蘊含著難忘的溫情
淡淡的鄉愁點醒了無邊的情懷
如真似夢的感覺忽近又忽遠
人在今與昔交錯的時空裡徘徊

毫不留情的成長為人創造新的身分
年紀大了偶而也想撿拾一些美好的童年
人自煙囪捲窄化的視角望去
晴藍的天上白雲點點

一一、美國衆院裴洛西議長來訪

以平和而堅定的語氣娓娓道來
將臺灣切身的憂慮一語承諾
親切猶如優雅慈藹的阿嬤
堅毅則像勇敢的鬥士不假思索
僅止透過電視畫面
裴洛西議長彷彿正在對我演說

帶刺的玫瑰針針刺向專制的政權
屹立三十年的人權燈塔始終耀眼
我們的故事就是她一生的信念
自由民主應該成為時代共同的語言
魔法阿嬤想把失去的人權加倍要回
一往無懼地面對惡龍總在人前

懷著躁動的興奮候立機場引領翹首
又以歡送親人離去的心情一再回頭
凡是友我助我的好友我們由衷感激
何況如煦陽如春風全民因而抖擻
難怪即使飛機已經直入雲層深處
大家仍然對著天際頻頻揮手

一二、我也是烏克蘭人（關於烏克蘭的詩）

如此悲慘的命運
如此美麗的國家
信誓旦旦的承諾被風吹到那裡去了
曾經開立的支票為何張張都是虛假

再多的制裁也遏止不了侵略的野心
再多的口水也澆熄不了蠻橫的烈焰
孤立的總統猶如被迫離隊的征雁
場邊的助陣則是難以語譯的空言

逐步吞食的惡龍不會停止向東爬行
守護糧倉的責任不能成為十字架
請給予相當的軍力致命一擊
烏克蘭從來就是一個獨立的國家

任得被擊落的飛機一再飛掠
任應該轉向的砲火前後相奔
縱使戰到一兵一卒也要扛起武器
我也是烏克蘭人

一三、獨裁者

——寫普丁及其他

我的作為就是你們想要的
我的眼睛即為你們的視野
在平靜的海面掀起滔天巨浪
於幸福的國度製造生離死別
絕對的權力絕對的為所欲為
包括瘋狂噬血

像驟醒的火山像突來的地震
彷彿可以取代太陽的烈焰直向空中
一個命令不許多餘的動作
幾萬大軍只需手指彈動
戰場的吶喊是喝彩暗夜的啜泣是讚美

人人都得以性命為「我」國歌頌

贏得終身執政的凱撒不得好死
流放孤島的拿破倫曾經稱王稱帝
企圖擴張的尼古拉耗盡國力之後
慘遭蘇維埃殘酷的處決槍擊
兵臨阿富汗的蘇聯瓦解了
最後只好滾回老家的祖籍舊地

早已鏽蝕的歷史難以啟動重來
然而依舊有人迷信一切都得為我
我來我見我征服僅是一時
沒有難字的字典只能隨口說說
從來迷信自己的獨裁者
人在現實卻每天都於夢中過著活

一四、苦澀的微笑

應該要哭才對
可是他們卻勇敢地笑
縱使生命無法綻放璀璨的花朵
他們也想把僵住的嘴角往上翹
美麗的城鎮不應戰甲充斥
痛苦的意志不容絲毫動搖
滿天的烏雲只能籠罩一時
陽光終究照進陰暗的牆角

以千個百個理由編造藉口
執意烽火是獨裁者黷武的時尚
要求解除軍備形同向人招降
協議一張張的謊言一行又一行
入侵的無賴拿無恥的條件要脅

妄想割據別人的土地自我犒賞
將拒絕的勳章別於胸前
烏克蘭人以沉痛的笑容彼此依傍

對命運最嚴肅的反擊就是活著
活著才有明天
遭到扭曲的現在早已遠離現實
昨日消逝的美好必然再度重現
站在殘破的土地面露苦澀的笑容
國情親情友情填滿整個心田
地球一定循著既有的軌道運行
文明不可能在時代的長河裡擱淺

沒有人煙的荒野至少有槍為伴
狩獵者不怕寂寞與險惡
已經染血的國土只好用血來洗
心存貪婪的人必須讓他面對震懾

砲彈不停飛落的故鄉仍在砲火之中
無懼才能享受文明的喜樂
抬頭瞧瞧蔚藍的天空金黃的大地
誰能不對著它微笑呢

敵機飛來有飛彈等著
敵軍進犯此刻就得放手了結
不見盡頭的戰爭無寧一場夢魘而已
一夜醒來就能和惡夢揮手作別
昨日的榮光在今天的戰士身上閃耀
烏克蘭歷史新的一頁正由他們撰寫
微笑堅毅地掛在臉上
他們的故事是烏克蘭最好的注解

一五、榮耀烏克蘭

歷史可能重演卻無從複製
意外則是必然的結果
美麗的家園已是一片瓦礫
用愛回想以免僅剩的印象也淪為傳說

永遠都有的明天消失了
當然熟悉的親友不見了
漫漫的長路不是為了回家
漸行漸遠的故鄉仍遭炮火炸射

襲向灘岸的浪濤儘管凶狠
大海終究平靜如昔
普羅米修斯的火應該拿來創造文明
誤用勢必焚毀自己

拆除民族主義的民粹引信
走出獨裁者擅自畫設的柵欄
民主與自由的風潮一定盛行
榮耀歸於烏克蘭

第四章　詩寫思想

一、感覺

走入空闊寧謐的寂寥裡
沒有別人也沒有自己
只是存在
但我並不覺得疏離

不是人與物連結的世界
一切復歸於零卻有深刻的意涵
像透明的空氣像澄淨的湖水
自自然然又顯得理所當然

獵景詩人應該是一片沉默的雲

印象派的畫作則以光影來呈現
沒有過去與未來的地方也沒有負擔
詩與畫是一場正在進行的表演

儘管它們的表情非常豐富
美麗其實僅止一種氛圍
當記憶不再主導
感覺早已取代了思維

二、閱　讀

就讓文字自己說吧
詩文自有它的唇舌
作者的意念就在字裡行間
不必由你由我來加料揣測

翩然的字句猶如年少的青春
有時連它自己也未能掌握一定的形貌
擁有靈魂的作品當然可以多解
讀者應在情與景中恣意遊遨

經典的詩文可以不朽卻無法永遠主宰
新的時代必有新的風格
想以過時的文字把時代或讀者綁架
只是徒勞的夸父而非放情的唐吉訶德

詩文乘著讀者的想像而飛
早已自作者想定的牢籠逃脫了
因為詩文一旦完成
作品新的生命隨即誕生了

三、行板

如果是詩人
我要踩遍大地遊唱美好的詩題
以你我的眼你我的耳你我的心
自己唱自己說自己記
細膩講述這個時代的故事
像沒有家的風漂泊的雲隨意東西
人間值得歌頌的事情太多了
應該讓散居各地的人們都能一起

我無從辨識偉人的誕生
卻見證偉大而感傷他們的隕落
太陽底下除了美麗的光影之外
還有驚嘆的人與事值得淺斟慢酌
如果不用沒有重量的詩來寫

怎能像蒲公英的種子再次綻放花朵
遊唱詩人是一陣風也是一片雲
隨時都將迷人的風景輕輕細說

人類匆促的生命看似短暫
其實日夜更迭的一生也連篇累牘
我來了我見了我也生活過了
臉上的皺紋是歲月美麗的插圖
待有朝終曲的樂章響起
即由下一代的新人繼續新的曲譜
文明彷彿一幅有待完成的巨型畫作
明天的輪廓一定會比今天更清楚

四、救贖

甜甜的臉龐洋溢著春天的氣息
純真的幸福自揚起的嘴角散了開來
人間所有美麗的語彙
用在她的身上只能講個大概
沒有烏雲的世界天空一定晴朗
清澈的溪流才是此地常有的風采

僅止一兩個並未成句的聲
即把久歷滄桑的人心療癒
一句又一句的聲一襲又一襲的笑
隨時都將早已遺忘的童年曉喻
這是人類初始熟悉的聲音
可惜漸行漸遠的人們早已失去

陪著孩子重演自己成長的曾經
只應歡樂的人間不應還有痛苦
儘管天真的預示夠具體也夠清楚了
浮於塵海的人們依然視若無睹
隱去翅膀的天使隨時都在眼前
孩子其實正是父母的救贖

五、晨禱

悠悠的幾百個年頭緩緩地過了
從前大片大片的草原也不見了
同時流著荷漢西拉雅血液的我們
遙遠的幻想已在熱愛的土地實現了

源於海源於陸也來自不知名的島嶼
不中不西的我們是真正的臺灣人
海是故鄉地是故居人則是家人
我們說我們笑每天期待亮麗的早晨

連上天也嫉妒的我們
並未住在遠離世塵的伊甸園裡
再悲的悲慘再苦的苦難化為雲煙了
抬起頭來陽光依然照耀我們的大地

我想效法我們勇於挑戰大海的祖先
由西而東橫越整個太平洋
有幸來到這一塊土地的人們
今天迎向文明的心情應該沒有兩樣

六、出　走

自詡具有歷史特色的舊街
成排的商店只賣自家的東西
店前的醬缸盛著各種口味
濃嗆的氣味在空中淋漓

年代已久的店招都是灰塵
從未改良的貨品依然滿槽
此起彼落的叫賣聲雖然震天價響
願意前來的光顧者則愈來愈少

堅持自己所賣的最好仍然大有人在
呆坐店前茫然望著天空的卻更多了
街道之外就有文明的陽光
可惜他們寧願躲在暗處自成一格

僅選一些還算乾淨的傳統
而從封建瘴癘的舊街行經
儘管衣上沾染些許霉味
然而陽光已經照進敞開的心靈

七、參與

儘管已被歲月剝蝕的熱情愈來愈少了
然而早起卻是每天運動者的家常
美麗與喧鬧在空氣中交揉
生命的喜悅到處綻放
隨著湧動的人潮漂漂浮浮
荒漠的心靈也會鬱鬱蒼蒼

直接投入也許有些隔閡
靜靜地欣賞其實也是一種參與
現實或多或少使人顧忌
住在都市反而好像困處於邊隅
然而每天走在人來人往的街道上
拒絕彷彿自我無形的囚拘

冷漠的疏離只是長年的習慣
連隱者查拉杜斯屈拉也想與人對談
只要陽光還在即可掃去生活的陰霾
迎向晴空才能聽憑枝葉招展
要與自然大口呼吸
要學青春高聲吶喊

八、懼怕

不要出聲否則即有無妄之災
彷佛古老的詛咒還在惡靈頻頻張揚
懼怕有如罩於頭頂的烏雲
約束甚至控制人的思想

於是畫下一道不得逾越的紅線
時時躡手躡腳地自我審查
他們相信只要蒙眼噤聲就能避免禍患
包括想法

像把頭埋進沙堆的駝鳥
防範等於挑釁瞭解也不被認可
他們總是覺得危險並非針對自己而來
聽話的人絕對不會有事的

以迷信來痲醉自己
因怯懦而自縛雙手
然而即將發生的災難形同近旁的惡靈
不想面對的眼前則有古老的詛咒

九、聊 天

從康莊大道折入蜿蜒的小徑
乘著記憶的翅膀穿越時光的大河
不設主題才能喚起更多的從前
一幕悲歡離合就是一場喜怒哀樂
人間美好的事物太多了
誰能全部走過看過想過呢

不是人人都能親自行經
美麗與哀愁的際遇各有不同
你講你的我說我的故事
沿著話裡清楚的行蹤
走進別人驚奇的世界裡
瞬間你我也是故事的主人翁

看朋友眼中閃著異樣的光彩
溫存自己曾經有過的歡喜
聽難以想像的情節
又多了幾處我心得以優遊的勝地
今天重現的昨日比今天更真實
現在擁有的過去比現在還具體

一〇、失　焦

有心辯解的人愈講愈偏
已經暈開的語意則愈來愈模糊
逐漸高漲的情緒在逐次加大的嗓門裡
聲音一串又一串全在空中飄浮

想的和說的恰好平行
你表達的和我認爲的沒有交集
被牆阻隔的風雖然徐徐吹著
牆後卻感覺不到絲毫涼意

道路本來只有一條
如今小徑到處蔓延
唯有轉向才能回到原點
可惜有人始終執意向前

走出牆外就能得知風是涼的
閉嘴即可恢復原有的寧靜
儘管視覺一定暫留
然而眼前馬上會有新的風景

一一、迷　路

華麗的謊言無寧一時的雲影
披覆羊皮的野狼有朝總會翻臉
時間雖然並未證明什麼
歷史卻每天都在人前

是與非好像來回拉扯的浪濤
唯有事實才能避免無謂的辯爭
今天紛紛紜紜吵雜的唇舌
彷佛陣陣風聲

也許幾句吶喊而已
還是有人相信到處都被聲音淹沒了
當形如被控的木偶鎮日吆喝
人們應能輕易識破控者的居心的

何必當初在每個時代重演
所謂信念可能即是一座陷落的深谷
人類走過的足跡縱使鮮明
然而聰明的人們情願任它荒蕪

一二、沉　靜

走出紛繁讓靈魂甦醒
靜定的心得以律動大地的脈息
奇妙的世界可以參與也可以只是路過
喧嘩則將美麗的自己驅離

拂弄林梢搖曳草尖的風在那裡呢
眼睛無法觸及的就憑感覺
當泛溢的氛圍逐漸淹漫
自在的心就能於水面輕掠

愛琴海起伏有致的波是雅典娜的胸
瓦卡帝波湖洶湧的浪是巨人心跳的形
滿懷怨懟的巨人如今仍於水中狂躁
集智慧與美於一身的神始終沉靜

走入景中與自己聊天
漫步於森林諦聽自然的聲音
沒有人煙的小徑影子不棄不離
還有一顆緩緩悸動的心

一三、時　間

強迫沿著既定的刻度
硬將直線的時間彎成一個大圓
地球自轉是一天公轉是一年
從此被困的時間只能在圓內周旋

沿著刻度一格一格蹣跚地走
人們又在特定的刻度標上註記
每當新的一年來到舊的註記
就會喚起很多的記憶

沒有意義的時間於是有了豐富的內容
無從計量的生命如今具體可數
昨日不再模糊今天就在眼前還有未來的明天
本來抽象的時間每日一清二楚

有了計時的單位
懵懵懂懂的人類變聰明了
時間總是在固定的刻度日復一日
歲月卻一年又一年地消逝了

一四、自白

在自我的世界裡孤獨地品嚐歡愉的生活
在歡愉的生活裡寂寞地咀嚼生命的美麗
朦朧的霧中才能瞧見想像的情景
沒有別人的時候即可擁有許多的自己

避世遠遁的隱者太矯情了
任憑一切的美好來去才是我的初衷
聽幾聲鳥語聞縷縷花香步一仄小徑
今天即已活在永恆之中

我想乘著旋律探訪人類的心靈
我想走進名畫做個漫遊的旅者
隨時都在今昔的時光裡進進出出
誰還會慮及什麼叫做歲月呢

腳踩著一地金黃的落滿心都是奢侈
眼望向無窮的綠驚喜自然也就來了
當有一天我真的不見了
你還是可以在詩句中找到我的

一五、平　凡

簡單的事物往往寓含深奧的道理
虔敬地對待才能瞭解人類的不足
天才希望人人都能夠成為自己
畫家期待個個瞧見他眼前的景物
然而使人無法專注的美只是平凡地存在
仰望的白雲始終於觸摸不到的天上飄浮

其實不必多樣色彩即已繽紛
春去夏來僅止例行的規則
屠龍的齊格菲並非你我的故事
伊卡洛斯迎日飛去的翅膀被融化了
再尋常的生活也能將過去與未來串結
而不起眼的樹早已把天地連在一起了

是鑽石不待人來佩戴即可閃耀光芒
是玫瑰只要綻放就是美麗
平凡不是無可奈何地聽其自然
而是自自然然走想走的路而已
像風綴起一池漣漪像雨淋溼一片綠野
我只想平凡地在茫茫人海中划出自己

一六、小人物

我是必須遠出採蜜的蜂
而非蝴蝶鎮日都在花叢裡穿梭
沿著既定的軌轍是每天的作息
偶而離線才能擁有真正的生活
奢侈的理想藏著無限的可能
形同制約的日子自有寬廣的自我

是草即蔓延成野是樹應挺直腰幹
責任也是另類的享受
多變難測的人情總是由它飄浮
抬起頭來並非仰望富麗的大樓
又是車又是人的街道縱使喧騰
蔚藍的晴空正在對著我招手

偶然的地球偶然的人類偶然的你我
生命就是一襲值得慶幸的喜樂
現實加減之後所剩的時間雖然不多
加乘使用卻也能為生活增色
一位渺小得不知什麼叫做偉大的人
只想把人生寫成一首好聽的歌

一七、嚐一口

幾抹淺淺的粉紅
在原本翠綠的桃子上隨意葳蕤
嚐一口含在嘴裡慢慢地咀嚼
我想溫存那一段輕狂而無羈的年歲

彷彿春天才過冷熱不定的天氣
滿滿的都是尷尬的青澀
並不可口的果實卻給人異樣的情懷
人在恍惚之中似有所感地沉思著

年少只是過程卻豐富人生的色彩
從此過著幸福快樂的日子誰不想呢
希望彷彿抬頭即能瞧見的藍天
似乎遙不可及其實近在眼前的

儘管希望往往使人落空
失望之後的希望顯得更有希望了

人生最不需要的是悲劇
歡愉的笑聲應該到處揚起的
未熟的桃子猶如狂野的青春
因爲苦澀所以感覺常在唇舌
桃子成熟了必然甜美
可是，人呢

一八、生命之歌

眼睛是採擷的機具
思維是製作的場地
詩是已經做好的成品
書則是可以上架的東西

人間美好的事物很多
我每天都想用詩來寫
即使並不完美的綠葉
也會在陽光之下迎風明滅

翻開書來溫存一幕幕熟悉的曾經
闔起書頁品賞一景景奇妙的眼前
似乎短暫又是那麼地久長
我的人生就在眼與心之間

感動的靈魂藏著無窮的喜悅
理應甜美的生活不該仍有酸澀
有幸生在這個美麗的世界
誰還需要愁苦來點綴呢

一九、只有開始

一個生命又一個生命地誕生了
人類的生命只有開始沒有結束
像夜晚天上細數不盡的星
各在不同的領域閃耀自己的光譜
如果造化是一片原野
人類即為長於地上的花木
更迭的季節由淺而深再由深而淺
隨時把他們框進多彩的畫幅

一則故事又一則故事細說從頭
人是和弦中一個個美妙的音符
進化猶如一條只能向前的大河
文明啟動的生存密碼早已輸入
喜歡藝術不一定就得走進博物館

大地處處都以獨自的語彙表述
讓舊得不見時光痕跡的歷史歸於歷史
時代會為所需的角色全部重新捏塑

加高建築使天空得以延伸到屋內
人需要自然的光線和新鮮的空氣
今天應像幻化多姿的雲
而非僅止藍天一再地複製抄襲
社會總是給予太多的規則
其實陽光就足以將人性的陰暗驅離
酸腐的味道儘管還是有人喜歡
然而人類值得擁有每一瞬眼前的驚喜

二〇、心很多的人

為何下在我頭上的雨最多
為何路人老是緊緊跟著自己
像手上搓揉橫生的泡沫
像風掠湖面綯起的漣漪
猶豫懷疑憂懼牽扯還有還有……
心中有心的心是一加一加一加一……

視覺無法相信眼睛
耳朵聽到的聲音和別人很不相同
心與心反覆拉扯的嘶吼隱隱約約
我思故我在的我實有千千萬萬種
應該是也許是大概是到頭來都不是
忙碌的思緒總是耗在什麼才是的徘徊中

把尋常的溪水視為伏流暗潮洶湧
人們的話中一定還有話要講
很多的心共用一個很小的眼
即使無遮的視野也能瞧見一堵高牆
天地愈看愈小了事情愈看愈大了
我認為我判斷我覺得一定是這樣

情緒主導的世界沒有正確的答案
大家的眼光好像都染上了顏色
隨時活躍於身上的心不止一個
連皎潔的白雲也變得斑斑駁駁了
彷彿飛絮的心不停地穿梭
理智就在穿梭之中暈眩了

二一、人在時間之外

不是重溫而是再一次回來了
父母的叮嚀兄弟的喧吵歷歷於前
時間並未仔細過濾
反而把童年刻意地展延
只有甜美沒有苦澀的記憶
彷彿一張又一張熟悉的容顏
隨時都被時間追趕的人
現在只想暫時離線

原來風是涼的氣是冷的
樹上的枝葉也徐徐地蕩漾著
我仍然是那一位鄉下的小孩
倒流的時光在這裡定格了
不算寬裕的家庭卻擁有最熱鬧的笑聲

吝於表達的父母給予的是不絕的溫熱
早起是為了利用柴竈的餘燼烘烤甘藷
晚上則常在庭院逗留望著閃爍的星河

這裡的一草一木都是歡樂的從前
如果不離開就能活在已經消逝的年代
儘管並非逐水草而居的牧者
然而人生總是另有安排
時間的確使故鄉變得遙遠了
但鄉愁卻將今與昔串連了起來
每天都在時光之中漂泊的人
只要離線就能回到想念的時刻來

第五章　詩寫人物

一、沉默者

——好友黃宗輝兄

是喜歡遙望天際的星相家
早已遠離炎涼世道的漩渦輪迴
是偶然行經塵俗的智者
隨時具現沉默的智慧
是一泓深澈明淨的湖水
只容許無機的朋友在此投影交會

萬里無雲的晴空太冷漠了
一野溢出視線的草地顯然過於激揚

然而冷漠才能隔開無孔不入的聲音
情感最好僅在相應的心裡蕩漾
與人與事與物自有一定的距離
我停我看我聽成天從容徜徉

寧靜的心靈沒有紛競的雜質
言語不多的珠玉字字隱然成形
任來了又去的人生來來去去
眼前所見盡皆美麗的風景
人在景中人在景外人已悠然入畫了
沉默者每天都是一樣的心情

二、最美的
——好友王輝雄、黃淑貞伉儷的不渝之情

亭亭荒野的玫瑰不怕寂寞
美麗的芬芳迎著蔚藍的晴空綻放
隱隱的情愫彷彿一條綿長的絲線
只盼援引有緣人前來欣賞

風來了雨來了連霜雪也來了
但綿長如絲的線依然飄啊飄的
兩端相距雖遠卻同在一條線上
線上還有兩顆甜蜜的心相和

候鳥一定飛回原來的地方
有情世界拒絕無情的干擾

不是為了熟悉而是必然回到原點
忠誠守護的刺始終把花團團圍繞

不見陽光大地沒有盎然的草木
心需要情的滋潤才能溫熱地跳著
儘管人間形如一座繽紛的萬花筒
然而這朵玫瑰永遠都是最美的

三、守候親情

——一位可愛的阿公王輝雄兄

疾疫將人的距離推遠了
甚至親者
親情則把人心緊密地連結
「想念時放學就守候在校門旁側」
從前陪伴愛子觀看飛機的承諾
如今都在小孫女的身上兌現了

很少享用的生活值得張大眼睛瞧瞧
從前的蜜源已被甜蜜的現在取代
形同飄忽的歡樂雖然短暫
總是生活美麗的依賴
儘管人生耀眼的色彩逐漸褪去

然而此刻即為記憶永恆的存在
走過滄桑嚐遍霜雪的人
特別珍愛春天
春天萌發的綠意可以瞧見希望
孩子稚嫩的笑容使人跨越眼前
放下一切的阿公還是放不下親情
即使每天都得走到天邊

四、一位長者
——形如兄長的彭作民先生

行經跟前而不致遮擋陽光
給予溫暖卻避免將人炙傷
像春風撫醒蟄伏冬雪的草木
輕輕地說淺淺地笑全是家常
像盛暑的蔭風起的港只是默默
多餘的殷勤並不在行

在幽僻的小徑摭拾性靈
於長闊的蔚藍彩繪天空
樹聲鳥語整天縈繞於耳際
人來人往的街道風情自然萬種
儘管冷淡的社會猶如荒僻的沙漠

然而視野總是綠意蔥蘢

自我飛揚的人生沿途繽紛
平實的作息隨時都有驚喜
歲月雖然抹去許許多多的足痕
經過淘洗的本色反而無限旖旎
足以容納萬有的心沒有門牆
聽憑風雨每天一起

五、一個堅持

——自我肯定的黎悉仁老師

像起自山谷的風張開帆桅的船
踽踽前行而在所不惜
一個堅持源於好奇
即使僅止一項運動的技藝而已

既然要走就得一探究竟
這是一趟自我肯定的旅程
把心掛在遠方
茫然的未知其實也可以一路縱橫

山一坡又一坡地爬彷彿無窮
然而至少已經邁開步伐了

並非想為自己創造一個全新的身分
而是只想尋得一句認可的語彙罷了
因為生命的音符有高也有低
所以人生才能成為一曲動聽的歌

如今美好的經驗都在
何必迷戀美景的報償
想攀至峰頂瞧瞧嶺端風景的人
一旦登頂反而悉如往常
回首來時路天已亮霧也散了
唯獨胸前多了一枚耀眼的動章

六、運動人生

——喜歡運動的陳秀香小姐

笑聲語聲還有不時響起的吆喝聲
彷彿一群群掠過耳際的陣風而已
沿著例行的步驟做完一定的運動
她好似一架已經上線的機器

用之不盡的活力源源不絕
不疾不徐猶如潺潺淙淙的小溪
暢快地舉手投足早已忘情也忘我
樹啊雲啊只是偶而映在腳邊的依稀

也迷戀春天的繁花也感傷秋葉的凋零
然而隨即回復樂天從容的平時

縱使看過走過玩過的地方不少
師大操場才有用心塗繪的彩色故事

運動是每天必然且自然而然的功課
尋常的生活藏著自己的風格
一個從來不懂什麼叫做疲倦的人
也許連歲月悄悄溜走也不在乎了

七、昨天過去了

——書法家杜忠誥教授

不學迫不及待的花草隨意綻放
而深深地紮根於厚實的土壤上
不屑爭妍競麗的異彩炫人耳目
而身寄於經籍的角隅吐露芬芳
數大是美乍看繽紛了整片原野
然而彼此彷彿者只能自我標榜

形色相仿的花局促地相互推擠
後來的只能隨著既有的植株披靡
簇聚的表土早已貧瘠了
淺淺的根怎能開出美麗的驚喜
紛紛紜紜的昨天過去了

如今的時代應該重新數計

每天端坐於硯前墨從未乾竭
紙上隨時都能呈現出奇的風景
根已深葉已茂了色澤自然鮮豔
遍歷書林而出以象外豈止意會神領
筆鋒所至就是嶄新的境界
獨自睥睨群卉的花朵欣然與天相映

八、行醫的使者

——名醫陳明村院長

像躍然的春日日提前來至診間
融解疑惑的冰雪釋出生命的喜悅
患者都是朋友而朋友把他視為知己
這種名醫每個時代都很缺

小小的診問卻有大大的天地
講病講人講道理僅憑幾句
是醫者使者也是人間的一盞明燈
引領著希望還將病苦一併除去

他是滿布陽光於畫布的梵古
他是創作拾穗晚禱虔誠的米勒

他是面對蓮池欣然提筆的莫內
聽人傾訴從不厭煩的人生就此定格

必然飄臨的白雲愈聚愈多
蔚藍的長空不勞多事的白雲妝點
伸出手來輕輕抹去猶如白雲的名利
恬靜的心靈始終一片晴天

九、人間的旅者

——好友蔡榮祥兄

不必刻意弓著身體自然謙抑
而與流經原野的溪水一樣平和
不僅慎獨而且處處慎己
他是一位錯置時空的人間旅者

沒有格格不入的隔閡
只是優遊自在的恬然
用情的人生隨時都有所得
無求的心喜在林間輕輕慢慢

寫自己的字拒絕碑帖的捉弄
走隨興的路不屑與人聲為伴

僅能一時的擁有終究煙消霧散
處於人世而任情浪遊者那有負擔

也曾低下頭來沿途覓尋
如今回首一切清朗如風
就這一眼這一刻這一個氛圍
聽憑月沉日升

一〇、共同的記憶

——好友許新德兄

拿出古樸的茶碗泡茶
用竹瓢舀起已釀八年的交情
金色的友誼洋溢著濃郁的香氣
溫暖的感覺則沿著深刻的記憶晶瑩

縷縷的熱氣搖曳著化為雲煙的輕狂
苦澀是揮汗爆筋鍛鑄的人生外一篇
平常見面總是點點頭揮手示意而已
然而一起苦練的從前已在心底沉澱

風走了留下一野清涼
雨停了空氣一片溼潤

儘管傲視藍天咆哮大地的日子遠了
既成習慣的運動每天依然迎著朝暾

走過激情的年歲一切都淡薄了
幸好人間猶有友情可以信賴
像嬝娜的茶煙雖然逐漸散去
芬芳的氣息還是飄了過來

一一、大家的朋友

——好友楊谷芳兄

即使是被寒冷禁錮的冬天
也像春風輕拂冰雪的大地
早起猶未清醒的朋友跟著笑了
笑是你我在此問安會心的默契

是吐露的蓄是破曉的陽
不止對你而且對著大家笑
豪邁的笑聲在溼潤的空氣中擺盪
運動場上久違的青春正在招搖

於人生畫布上瀟灑地揮灑
用情鉤勒的風景迤邐成片

開朗的臉上沒有雲翳
人事來來去去彷彿蒸騰的晨煙
熱愛的生命隨時都有驚喜
再尋常的沙裡也能瞧見金色的光點

沒有遺憾的人不會把心留在從前
載起載伏之後對於眼前更加珍惜
當一切逐漸成為故事
朋友是此刻還能在乎的唯一
澎湃的海洶湧的河曾經目睹
然而寧靜的湖面才有美麗的漣漪

一二、今昔的朋友

——好友陳中光兄

循例來回的潮汐太辛苦了
定時噴發的老實泉太矯情了
我們是時攏時散的雲散散聚聚
每次悠悠地來又忽忽地去了
一起左右一起西東的輕狂雖已不再
然而昨日的吆喝仍不時在耳際響著

以自己的語言寫各自的故事
好似斷線的你我自有記憶相繫
年少的荒唐是如今的浪漫
頻遭侵蝕的曾經依然徘徊夢裡
風來了雨下了未嘗留下什麼

然而如茵的草地卻足可供人徙倚

梵谷麥田裡的陽光比頭上的還燦爛
米勒晚禱的鐘聲則將距離泯除了
不必責怪蘇格蘭的友誼長在總是喚起從前
人生其實只為這個感覺罷了
儘管被歲月揑塑的形貌早已走樣
然而飄浮於人世的雲則更白了

一三、遠方的朋友

——好友陳東龍兄

既然無法一起啜飲森林的氣息
就把今年新採的好茶寄出
經霜歷雪涵蘊整個冬季的味道
得在朋友的舌尖翩然起舞

遙想朋友品茗愉悅的神情
自己也能感受濃郁的氛圍
趁著春茶冬茶採收的時節
久違的友誼每年至少也有兩次來回

梳理不盡的煙嵐始終狂野
和煦的陽光好似朋友熟悉的笑容

過午隨即灰濛的大地顯得寧靜
已被窄化的視角不必再分西東
優雅的茶香隨著冷冽的空氣洋溢
生命的故事則反芻於溫熱的茶水中

忘懷得失也許只是一種迷失
記憶應將美麗的曾經好好珍藏
成長必須承受的事情很多包含親情
多情的歲月卻以朋友填補這個空檔
山上待久了心情也逐漸沉澱了
唯獨朋友總是在遙遠的地方

一四、沒有憂煩的人

——對瘦瘦高高的好友王家豐、蔡亞儒伉儷

不是單薄的竹子而是挺拔的紅檜
不是纖弱的芙蓉而是亭亭的茶花
睥睨天地且與群樹一起招展
自然樸拙不尚炫麗的奢華

風雨來了不怕有你還有我
何況大家心手相連
天氣熱了早已遮起扶疏的涼蔭
歡愉的氛圍到處綿延

有樹有蔭的地方就有歡笑
人間的樂土何必費心尋找呢

晨起迎著朝露甦醒清爽的靈魂
恬淡的日常每天都很甜美的

相依相倚不用太多的言語
數十寒暑輕輕盈盈地過了
在幾近無塵的天真裡沒有憂煩
遠遠望去即能瞧見這兩棵樹的

一五、睡眠的拾荒者

即使僅僅下課休息十分鐘
也會覺得很幸福
我是一位撿拾睡眠的拾荒者
一點一滴以彌補每天的不足
只要伏在同學才剛離開的坐位
我馬上沉入睡夢的淨土

彷彿進入茂密的森林裡
為了再次瞧見藍天與綠地
走是自然而然也不得不然的事情
人們視為當然的正常作息
是我可望而不能及的奢侈
我一心期盼走到森林的盡頭而已

上課鐘響我又站在講臺上
教書是忙碌之餘最快樂的時刻
三十幾個黃金歲月匆匆地過了
雲淡了風輕了人生沒有什麼遺憾了
從前暗夜奔行渴慕陽光的人
如今已經走出森林了

第六章　詩寫地景

一、總統府

美麗與醜陋角力的地方
以優雅的線條將競逐的氛圍泯除
寧靜嚴肅而散發自由的空氣
新生的民主早已構建權力的中樞
權力更迭使這裡染上不同的色彩
然而金色的陽光始終燦爛如故

典雅而非完整的對稱自然和諧
後期文藝復興的建築語彙舉目可得
平面「日」形的鋪排是日人統治的象徵
歷史不再的今天連昨日的滄桑都斑駁了

簡潔的造形蘊藏著深沉的故事
古蹟的建築依然莊重地站著

甩開包袱斬斷無謂的糾葛
走過從前也走出了悲憤
時代的光芒於高聳的塔尖閃耀
文明的新境則在多立克的柱上烙痕
全新的局面應有截然不同的思維
腳踩大地的我們才是真正的主人

曾在此地洶湧的暗潮復歸於平靜
叱吒一時的人都到那裡去了
贏只是一時
人民永遠都是優勝者
然而喜歡重演歷史的人類
誰會在乎呢

二、竹子湖

以湖為名的竹子湖沒有湖水
豐沛的山泉卻將年年的美麗浮於人前
豔麗的花朵披著薄得透明的薄霧
妝點於群嶺環抱的海芋田
盛情的農友又在坡坎栽植繡球與山茶
原本翠綠的山谷從此都是雲煙

一條單行的小路只能走走停停
一雙直視的眼睛最好左右飄移
繽紛的色彩在大地喧鬧
忙碌的視線於空中交擊
人潮填塞的街道反而顯得空闊
滿溢的人聲則自空闊的竹子湖揚起

隱於臺北近郊陷落的淨土
僅以樸素的小路與時代相倚
沿著田畦的仄徑有渠為伴
亭亭的海芋展現自信的自己
不一樣的今天還是保持昨天的樣子
步入文明的竹子湖依然恬淡如昔

三、臺北玫瑰園

是誰為了誰把花種在這裡
招攬浪漫的眼神紛紛投注
是什麼為了什麼綻放得如此璀燦
逗引有情的男女駐足躊躇
一隅緊鄰新生公園的夢
夢裡夢外全是旖旎的情愫

朵朵頂著陽光微笑的玫瑰
是篇篇如詩又如畫的心情
儘管有刺護著蜂蝶還是來了
嬌豔的花瓣瓣都是美麗的憧憬
又是景又是情的園裡紛紛繁繁
愈看愈小的天地藏著愈想愈真的倩影

如果嚮往也是一種思念
感情的故鄉何必費心覓尋呢
年輕與熱力每天恣意揮霍
從未滯留的青春猶如一首快板的歌
一樣的場景在不同的時空裡上映
有誰不是園內的主角呢

四、南部橫貫公路

一重重地往前又一層層地後退
山愈遠景愈深了
不採橫跨而以縱向的方式排列
稜脊由上而下伸入卑南溪定格
山忽遠忽近嘲諷似地注視遊者
非理性非典型的美變化莫測
不是霸氣而是磅礴
寬闊使山的走向無所不可

溪流被沖刷的土石愈墊愈高
形同幽壑的溪床如今幾與路齊
走在海拔數千公尺的公路上
人卻猶如履足於平地
乍看砂礫遍布的曠野

其實危險就在頃刻之際
而於碎石依稀滾落的山壁
早已點綴幾許綠意

路倚著起伏的山勢迂迴
峭壁懸崖還有峻深的峽谷
剛才遠望必須仰角的隧道口
此刻俯瞰即能一清二楚
有時濃濃的水氣瀰漫整個山壁
逗引意欲窺人隱私的眼目
沿著逐漸爬升的路好像來到盡頭
然而茫然的世界裡仍有想像躊躇

既時尚又莊嚴的南橫
每天上演人為與自然平衡的遊戲
腳踩在莫拉克颱風肆虐後的南橫
心中還是一再地懷疑

昨天的記憶已被全數掏空了
凜然已經取代膚淺的驚喜
這是一個美與幻的地方
原始而壯麗淳樸而瑰奇

五、北投的硫磺谷（大磺嘴）

由下往上層層猛然地竄升
又自濃而淡滾滾地滿天爛漫
比瀑布還洶湧比大海還澎湃
我要我還要我就是要地肆無忌憚

彷彿雲所從出的山岫
源源不絕又爭先恐後地爭強逞能
儘管已將蔚藍的晴空遮去一隅
炙人的熱氣依然蒸蒸騰騰

已被硫磺侵蝕的空氣有些凝重
每一呼每一吸好像都來自於地底
白還能再白的白裡一片純淨
而將思緒全數融進白色的空白裡

隔著柵欄遠望從不止息的罅口
蠢蠢欲動的火山似乎就要爆發了
壯觀壯麗之外猶有凜然的悲壯
連硫磺嗆鼻的氣息也愈來愈濃了

六、大安森林公園

有小丘有仄徑有蒼鬱的森林
硬自塵囂切出一塊恬然的綠地
沒有圍籬的淨土可以敞開人的心胸
綿延的草地又將你我的情緊緊相繫
紛紜的市聲隨時都有
例行的繁忙則被滿眼的翠綠隔離

風從優雅的林翳吹來並不陌生
雲隨時都在然而幻化百出
明澈的池邊鳥語句句是他們的日常
僅止一瞥地面的松鼠已在枝上競逐
減是唯一的算法
多餘的情緒已被形如濾網的這裡濾除

濾去剛才還在的煩憂
留住平衡的心情翻開更新的一頁
相同的人卻有不一樣的感覺
公園內外恍如兩個平行的世界
即使只是匆匆地行經
緊繃的顏面也能得到完全的紓解

在公園內不辨方向刻意地放空自己
忽東忽西使自己在熟悉的地方迷途
踩在結實的大地頂著有溫度的陽光
感覺一下才自現實甦醒本色的淳樸
不斷向前的時光只會改變天空顏色
就讓多樣的色彩把我擺進這框畫幅

七、凱達格蘭大道

車聲市聲伴著白天的悶熱消散了
只剩幾句單調的蟲鳴一再地重播
這個彷彿已被遺忘的地方
溼潤的水氣一波接著一波
沒有動靜的凱達格蘭大道
晚上還是一樣蓬勃

地面的白線把這裡的繁忙隱隱透露
多事的從前委實令人感惻
然而凱達格蘭平埔族裔的臺灣人
枝已繁葉已茂根已深了
渺小的人在空曠的場域裡擺蕩著
我似乎是地球上唯一的倖存者

疲憊的街燈在茫然的霧裡瞇著眼
穿越街道我有挑戰禁忌的豪邁
橫起一天形如輕觸即破的張力
夜極簡極限也極美地將幕撐開
腳踩在史跡斑斑的大道上
很難想像那個威權的時代

寧靜的街道猶有遙遠的味道
划過歷史恰成兩個反差的世界
如今陽光已經照亮每一個街角
不堪的記憶早已蹣跚作別
苦難的昨天遠了
民主與自由就是一切

八、臺北的河濱公園

拿起球拍揮去白天的紛擾
搶進籃下投入工作完成的歡顏
從樹旁撿拾幾片陽光
讓溪畔小徑把單調的日常蜿蜒

偶而逸出例行的軌道
看看雲喘喘氣也已足夠
脫逃只是一種奢侈的想望
張開眼來現實就在前頭

堤外的車聲雖然不時提醒
新店溪呢喃的溪水卻可以忘情
人沿著都市的邊線漫步
任勞於所思而刻意不想的心歸零

水泥修築的叢林是我們的世界
每一個窗格都有他的人生
無法停機的生活其實也能暫時停格
有天有地的河濱公園還有一水相仍

九、池上的伯朗大道

有點距離的遠山雖然並不太遠
但卻容許田疇盡情地迤邐
潔淨而筆直的大道漫不經心地躺著
地面猶未散逸的熱氣隱隱暈著漣漪
風很小人很閒鳥聲沒有
久違的寧謐可以聽人徙倚

人於景中擺蕩雲在眼裡飄浮
純淨的色蔚成一野盎然的生意
寬闊的大地氤氳著優雅的氛圍
簡潔的線條縱橫而成一片蘇格蘭呢
近看參差遠眺儼整的綠
連天空也綠得渾然一起

無盡悠悠直至天際
阡陌交錯的稻禾裡塵囂早已遠躡
兩株已被命名的茄冬樹扶疏於路旁
時間隨時以顏色把他們輕描淡寫
餵養生命的穀倉鮮翠如水
這裡永遠都是美麗的時節

眼睛像春日的游絲四處張望
人類共同的鄉愁綠都在眼前
看似一致的景其實各有各的面容
應該才剛見過回頭又是一眸驚豔
綠濤金浪此刻只能想像
然而佇立的人已經走進了詩篇

一〇、陽明山花卉試驗中心

一畦畦大小不一的花卉與林木
怡然地在坡緩如流的陽明山上搖曳
彷彿已被遺忘的地方來者稀稀落落
並不曲折的小徑一路迤邐
美，到處喧嘩
寧靜是這裡唯一的聲息

綠將大地的顏色取代
扶疏的林蔭不容陽光恣意撒野
沿著時光綻放的花朵每天繽紛
綴於枝上的葉綠了又黃按時更迭
景隨著歡愉的心瀰漫
眼則是兩隻來回翩然的蝴蝶

偶而才飄入耳際的笑語似近而遠
閒逸把人與人的距離拉開了
我是即興漫遊的史特勞斯
獨在猶如維也納的森林中蕩著
花是輕盈的音符風是柔美的旋律
心靈的樂音全是一首首自然的頌歌

明明位於路旁卻好像並不存在
美的饗宴天天擺著僅需短暫的錨定
置身於畫中剎那即成永恆
不必奢求的擁有生命早已豐盈
隱於都市的綠寶石一片盎然
從不在乎四季如何運行

一一、臺大新生南路旁的小水渠

柔美的曲線悄悄地展延
水中的石頭漫不經意地堆集
車子匆匆地來了又迅即地走了
只留下一地漠然的熟悉
這裡並無引人注意的在乎
卻能閃爍驀然一瞥的驚喜

濺濺的水流整天潺湲
清澈的渠中不見魚群逶迤
一覽無遺沒有張望的困擾
活在當下時空早已抽離
可以碰可以觸的小溪就在跟前
深僅及膝的誘惑一時萌起

多樣的物種齊聚於兩側
坐在渠畔聆聽心跳的敲擊聲
街道猶如一幅過度寫實的圖畫
畫幅之外則有寧靜的寂寞生成
悄悄溜進寂寞的畫中
我是一陣隨興的風